Das Erfolgskonzept

Die Grundlagen positiven Denkens und Handelns

D. Harald Alke

Cip-Einheitsaufnahme der Deutschen Bibliothek:

Alke, Detlef Harald, Das Erfolgskonzept:
Die Grundlagen positiven Denkens und Handelns /
D. Harald Alke: Flörsheim-Dalsheim: Anahata Verlag
1992 / 1994 (Trainingsprogramme für Führungskräfte ; 8)
NE:GT

by D. Harald Alke
Kyborg Institut und Anahata Verlag
Sylvanerring 17, Postfach 20,
D - 67 592 Flörsheim-Dalsheim
Tel. 06243-7057 Fax. 06243-7057

Layout und Satz in Windows Ami pro / Times New Roman
Bitmaps und Cliparts aus Coral Draw by D. Harald Alke

ISBN: 3 - 924722 - 32 - 3

Inhaltsverzeichnis

Einleitung

Es gibt inzwischen eine ganze Menge Bücher über **Positives Denken,** Planung und Persönlichkeitsentwicklung. Ich möchte an dieser Stelle die Werke von Napoleon Hill hervorheben. Ich glaube, er war der erste Autor, der sich professionell dem Gedanken widmete, wie Menschen ihr Leben erfolgreicher gestalten können.

Ist Erfolg und Lebensglück dem Zufall überlassen?

Gewiß nicht! Je tiefer wir in die Materie eindringen, desto klarer wird es uns werden, daß wir selbst maßgeblichen Anteil an unserer eigenen Lebensgestaltung haben! Es gibt sehr wohl fremde Einflüsse, z.B. die Chance, in was für einem Elternhaus wir geboren werden oder in welchem Land. Es gibt auch ganz gewiß höhere Kräfte, die wir Gott nennen können.

Unsere Forschungen der letzten 20 Jahre haben unumstößlich den Beweiß erbracht, daß wir das Phänomen der Wiedergeburt in unsere Kalkulationen mit einbeziehen müssen. Das mag den Menschen hier in Europa fremd oder unsinnig erscheinen, aber bedenken Sie bitte, daß wir hier die Einzigen sind, die sich einbilden, daß es keine Wiedergeburt gäbe! Alle anderen Natur- und Kulturvölker wissen darum! Auch in der christlichen Lehre wurde diese Tatsache erst im

Konzil zu Konstantinopel, 553 n.Chr. aus der Kirchenlehre entfernt. In der damals "gereinigten Bibel" finden sich aber bis heute Hinweise, daß die Jünger und Jesus um die Wiedergeburt wußten.

Nun möchte ich Sie nicht mit dieser Thematik strapazieren oder langweilen. Fest steht jedoch folgendes: Wenn Sie die Ursachen für Ihren Erfolg und Ihre Probleme bei fremden Menschen suchen, bei den Eltern oder bei einem zürnenden Gott, **dann vergeben Sie die einmalige Chance, Ihr Leben in die eigenen Hände zu nehmen!**

Bei der von mir entwickelten Form der **Rückführungs-Therapie** kann sich jeder Mensch davon überzeugen, daß er schon einmal da war. Erst wenn Sie begreifen, daß Ihrem eigenen Leben ein gewaltiger, großartiger Plan zugrunde liegt, den Sie selbst vor Ihrer letzten Zeugung entworfen haben, können Sie die großen Zusammenhänge erforschen und begreifen!

Dein Leben enthält bereits einen großartigen Plan! Es gilt, diesen Plan zu erkennen und zu begreifen!

Bereits vor unserer Zeugung planen wir den Verlauf des zukünftigen Lebens! Auf einer höheren geistigen Ebene bekommen wir alles mit, was in unserer Schwangerschaft geschieht. Wir erleben, unter welchen Bedingungen wir gezeugt werden, wie sich die Mutter fühlt mit dieser Schwangerschaft, wie es ihr geht, ob der Vater führsorglich ist oder nicht. All das sind Elemente, die Einfluß haben auf unser späteres Leben und damit auf unseren Erfolg oder Mißerfolg!

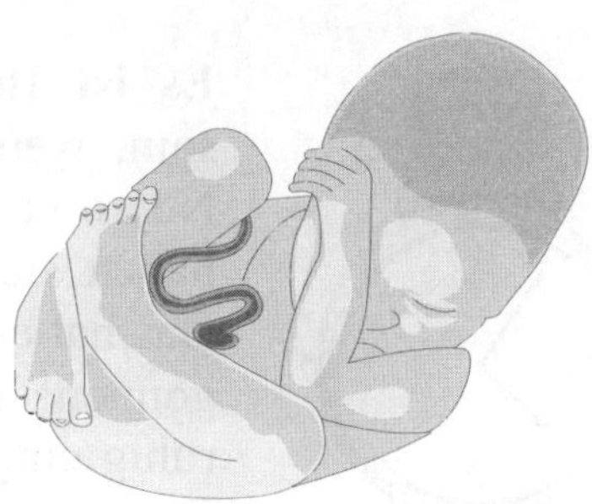

Unsere Programmierung für das neue Leben läuft ab der ersten Sekunde!

Natürlich weiß ich auch von der Existenz einer göttlichen Allmacht. Doch ich weiß ebenso sicher, daß dieses **Universale Bewußtsein** uns die vollkommene **Freiheit der Entscheidung** läßt in all unserem Tun und Planen! Es wäre vollkommen falsch, einem Gott die Schuld zu geben für unsere Probleme!

Wir selbst sind Ursache und Wirkung in unserem Leben. Nur wer das in seine zukünftigen Kalkulationen mit einbezieht, wird mit immer größerer Sicherheit Erfolge anstreben und erlangen!

Dieses abenteuerliche, geheimnisvolle und manchmal unglaublich verwirrende Leben kann sehr schön sein, wenn wir uns mit innerer Gewißheit dem Sinn in allem Sein hingeben, um es in vollen Zügen zu erfahren!

Wir sind hier auf Erden, um Erfahrungen zu machen, um zu lernen, um dem **Großen Allmächtigen Werk** eine weitere kleine Facette hinzuzufügen! Das Leben ist, richtig betrachtet, aufregend schön! Nehmen Sie von heute an ganz bewußt daran teil!

Es ist Dein Leben!

Es ist Ihr Leben! Es kann sehr schön sein, wenn z.B. diese ständige Hast und Neurotik daraus verschwinden! Nie zuvor haben sich Menschen derartig abgehetzt! Das hat erst mit der Erfindung der Uhr begonnen! Ich kann dieser ständigen Hast ruhig entgegenhalten, daß ich aus meinen Forschungen und aus sehr vielen persönlichen Erfahrungen weiß, daß wir nicht nur einmal leben! Ich muß mich nicht abhetzten, um etwas zu erreichen!

Alle Zeit des Universums steht uns zur Verfügung und es liegt in unserer Macht, einen kleinen Teil davon für unsere persönliche, private Lebensgestaltung zu verwenden! Das Universum verfügt über ungeheuerliche Energiereserven! Und wir haben das Recht und die Macht, diese Energie für uns zu nutzen!

Das Universum verfügt über ungeheure Energiereserven!

Es ist unsere Gedankenkraft, die diese frei verfügbare kosmische Energie in Formen faßt und materiell realisiert!

Für viele Menschen mag das ein großer Gedankensprung sein. Glauben Sie mir, es hat mich trotz jahrzehntelanger Praxis des Kundalini Yoga und anderer asiatischer Trainingsmethoden rund 15 Jahre gekostet, bis ich diese Zusammenhänge endlich so begriffen habe, daß ich sie anwenden kann!

Verstehen Sie mich bitte richtig: Ich will Sie keineswegs von einem fremden Weltbild überzeugen. Das läge mir fern! Aber drehen Sie das Ganze doch einmal um: Was veranlaßt 4,5 Milliarden Menschen, von der Reincarnation überzeugt zu sein? Viele haben handfeste Beweise dafür. Nur ca. 0,8 Milliarden Christen sagen "Nein, das gibt es nicht!" Gleichzeitig reden doch auch die Christen von der Wiederauferstehung!

Sie dürfen wirklich alles glauben was Sie wollen! Das ist die individuelle Freiheit und Ihr gutes Recht! Aber ich empfehle dringend, in Zukunft **nur noch das zu glauben, was Ihnen auch wirklich nutzt!** Genau das ist ein Teil des Großen Planes: Jeder darf nach seiner Façon seelig werden oder unseelig, ganz wie er es im geheimen, kurz vor seiner Zeugung geplant hat!

Sie selbst entscheiden, wie Ihr Leben verläuft! Und nur Sie selbst können irgend etwas daran ändern! Wenn es bisher Mängel und Pannen gegeben hat, dann erforschen Sie die Ursachen. Entnehmen Sie die Lehre daraus und planen Sie in Zukunft besser!

Wer meint, andere seien schuld, **legt die Verantwortung in die Hände dieser anderen Menschen!** Damit gibt er die Verantwortung für sein Leben aus den Händen! Wer das tut, braucht sich nicht zu wundern, wenn dann wirklich andere über sein Leben bestimmen und er darunter leidet! In dem Moment, wo Sie sagen: **Ich bin die Ursache!** Gewinnen Sie diese Verantwortung über Ihr Leben zurück!

Ich bin die Ursache!

Von diesem Moment an sind Sie eigentlich schon frei und unabhängig. Sie müssen nur noch die Altlasten, die Fehler und Versäumnisse der Vergangenheit aus dem Weg räumen!

Dann ist der Weg wirklich frei für ein Leben ganz nach Ihren eigenen, neuen Vorstellungen! Ab und zu mögen noch alte Dinge hochkommen, aber irgendwann ist damit Schluß und dann haben Sie plötzlich die vollkommene Kontrolle über Ihr Leben!

Was vergeben Sie sich, wenn Sie mein Angebot annehmen? Absolut nichts! Probieren Sie es doch einfach aus! Benutzen Sie von jetzt an diese Idee als Grundlage:

Ich bin die Ursache meines Lebens
und
ich regle mein Leben ab sofort selbst!

Um dieses Ziel zu erreichen, wenden Sie bitte das Konzept in diesem Buch konsequent an! Wenn Sie das tun, werden Sie Erfolg haben! Viele Andere haben es bereits getan und z.T. verblüffende und ganz überragende Ergebnisse erzielt!

Vermutlich möchten Sie jetzt ein Beispiel hören: Einer meiner Kunden, ein Bankdirektor, erkannte, daß er immer kränker wurde und immer schlechter in seinem Beruf. Im Alter von 45 Jahren warf er seinen Job hin und wurde Edelsteinhändler. Mit seinen erstklassigen Geschäftserfahrungen reist

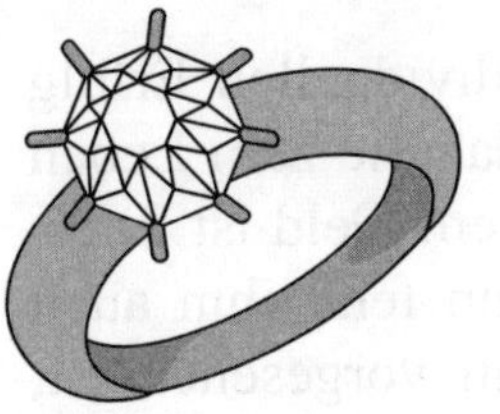

er um die Welt. Er kauft und verkauft edle Steine. Seine Zeit als Bankdirektor war abgelaufen, dieser Teil seines Planes war erfüllt.

Ohne die Rückführung hätte er es nie begriffen, sondern wäre an seinen Belastungen gescheitert. Eingebunden in so viele Verpflichtungen hätte er den Sprung allein niemals geschafft. Aber sein geheimer Lebensplan sah vor, daß es noch ganz andere, fremde Dinge zu erforschen gibt. So war er bereit, in eine Therapie zu kommen und reinen Tisch zu machen. Man muß nicht schon krank sein, um eine Rückführung zu machen, beizeiten und mit guter Gesundheit hat man viel mehr davon!

Er ist heute frei, ungebunden und verdient mehr als zuvor. Im Privatbereich hat er sich ebenfalls frei gemacht, denn seine Ehe war leer und am Ende. Seine Frau war einige Jahre älter als er und hätte diese "Eskapaden" nicht geduldet. Jetzt genießt er all das, wovon er früher nur geträumt hatte.

Mit Erfolg ist also nicht gemeint, daß jemand sofort das große Geld verdient, sondern daß Sie es schaffen, rundherum zufriedener und selbstbewußter zu werden! Das ist die Voraussetzung für das eigene Glück!

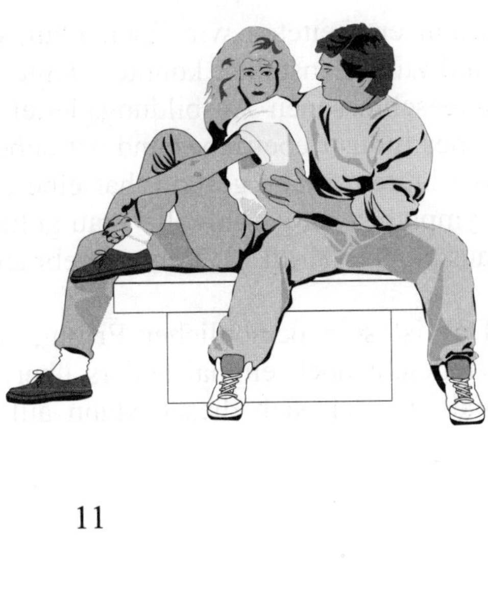

Gerade wenn Sie diesen persönlichen, individuellen Erfolg anstreben, wird auch das Geld kommen, das Sie zum Leben und für die Realisation Ihrer Pläne brauchen! Geld ist Energie, und wenn jemand kein Geld hat, dann fehlt ihm auch Energie! Wenn das in seinem Lebensplan vorgesehen ist, weil er diese schlechten Erfahrungen braucht, dann ist doch alles in Ordnung! Wenn dauerhafte Leiden fester Teil Ihres Lebensplanes sind, dann wird Ihnen auch mein Buch nicht heraushelfen können. Sie müssen nur begreifen, wann es an der Zeit ist, mit den Leiden und der Armut aufzuhören! Wenn Sie bereit sind, mit diesem Erfolgskonzept zu arbeiten, dann können Sie jetzt mit einem schöneren, erfüllteren Leben beginnen!

Ein junger Mann von 30 Jahren kam seelisch erschöpft aus einer Psychiatrie zu mir, in der Hoffnung seine Dinge zu regeln. Er hatte Soziologie studiert. Kurz vor dem Diplom war er zusammengebrochen und unfähig, noch irgendetwas zu tun. Nach einem sinnlosen Jahr in der Psychiatrie raffte er sich auf und begann bei **Energytraining** zu lernen.

Dann erarbeiteten wir einen Plan, der ihn gesund machen und zufriedenstellen konnte. Heute ist er Gärtner mit einer abgeschlossenen Ausbildung, leitet die Gartenbauabteilung eines Industriebetriebes und hat nebenher eine Gartenbaufirma laufen. Er ist gesund, hat eine gute Kondition und eine sympathische, gefühlvolle Frau gefunden. Er hat sein Leben aus eigener Kraft in Ordnung gebracht!

Das ist sein persönlicher Erfolg, so lange, bis er es sich vielleicht noch einmal anders überlegt. Wichtig an diesem Fall ist, daß sich dieser Mann auf seine Notwendigkeiten besonnen hat und konsequent das Richtige tat, auch wenn es ihm am Anfang sehr schwer gefallen ist!

Wir alle müssen darauf gefaßt sein, daß sich unser Leben mehrmals verändern wird! Das gehört heute dazu! Wir machen so schnelle Fortschritte in unserer Entwicklung, daß in jedem Leben viel mehr geschieht als es noch vor 50 Jahren möglich gewesen wäre!

Seien Sie dafür bereit, wenn Ihnen das Leben plötzlich ganz neue Chancen bietet, die Sie sich früher heimlich erträumt haben!

Über dieses Buch

Nach dieser Einleitung werden Sie ein kurzes, systematisch aufgebautes Konzept vorfinden, das ausreicht, um Ihr Leben in ganz neue Bahnen zu dirigieren!

Wir haben heute fast alle wenig Zeit. Auch Sie befinden sich sicherlich noch in dieser Situation. Da erscheint es mir falsch, für diesen Zweck lange dicke Bücher zu verfassen.

Dieses Konzept wurde entwickelt für die **Akademie Montabaur**, in der die Führungskräfte der Volks- und Raiffeisenbanken ausgebildet werden, also die zukünftigen Bankdirektoren. Niemand von diesen Herren hat sehr viel Zeit, und vor allem keine Zeit zu vergeuden!

Für Außenstehende mag es sehr eindrucksvoll sein, wenn jemand Vorstand einer großen Bank ist und vielleicht ein beachtliches Jahresgehalt nach Hause trägt. Über die enorme Verantwortung, die diese Männer tragen, wenn sie ihre Beruf ernst nehmen, die Tatsache, daß viele 14 Stunden und mehr pro Tag arbeiten, an den Wochenenden arbeiten und darüber oft an der Gesundheit und im Privatleben Schaden davon tragen, wird weniger geredet.

Gewiß, auch diese Männer haben sich genau diesen Teil des Großen Spieles ausgesucht. Wir brauchen Sie nicht zu bedauern oder zu beneiden. Aber gerade im Bereich des Management muß ein Umdenken stattfinden, weil die Leistungsfähigkeit dieser Männer stark an ihre Grenzen stößt.

Männer in verantwortungsvollen Positionen sind von großer Bedeutung für eine gesunde Volkswirtschaft. Mit ihren Entscheidungen werden oft Millionenbeträge bewegt. Hier können richtige Entscheidungen wirtschaftliche Sicherheit bedeuten und Fehlentscheidungen den Verlust von tausenden von Arbeitsplätzen verursachen.

Aus diesem Grund wurde also mein Erfolgskonzept kurz und prägnant formuliert. Hier liegt es in einer erweiterten Form vor. Es soll Denkanstöße geben! Ich will Ihnen in kurzer Zeit alles Wesentliche mitteilen, ohne Ihre kostbare Zeit zu vergeuden! Außerdem möchte ich Ihnen nicht alles fix und fertig angerichtet vorsetzen, das haben unsere Eltern schon viel zu oft mit uns getan!

Die entscheidende Arbeit leisten Sie bitte selbst!

Studieren Sie aufmerksam den Inhalt dieses Buches, machen Sie sich Ihre eigenen Gedanken, suchen Sie nach Parallelen im Alltagsleben, überprüfen Sie meine Thesen in der Praxis, wenden Sie die Methode konsequent an, sprechen Sie mit

Ihren Kollegen darüber, tragen Sie aktiv zur Verbesserung Ihrer Berufssituation bei, zum Nutzen Aller!

In der Gestaltung des Buches gehe ich ebenfalls neue Wege. Wenn wir Text zusammen mit Bildern aufnehmen, erinnern wir uns später besser. Das liegt daran, daß bei einem solchen Lernprozeß beide Großhirnhälften gleichzeitig aktiviert werden, in der linken Großhirnhälfte nimmt der Verstand den Text auf und in der rechten Großhirnhälfte verarbeitet die Intuition die Bilder. Dem kommen die Punktmuster der Clipart-Bilder noch entgegen, weil wir uns unseren Teil dazu denken müssen.

Nur wenn wir in unserem Bewußtsein Bilder, Gefühle, Stimmungen und Rhythmen mit den rationalen Überlegungen in einen sinnvollen Zusammenhang bringen, werden wir unser Leben erfolgreich meistern! Wir brauchen die Blumen nötiger als unsere technischen Errungenschaften. Ohne Beton könnten wir überleben, aber nicht ohne natürliche Nahrung, auch wenn uns das verschiedene Konzerne beibringen wollen!

Wir müssen lernen, unsere gesammte Gehirnkapazität zu nutzen!

Gelingt uns das nicht, dann werden wir mit dieser technisierten Welt scheitern und jämmerlich zu Grunde gehen. Was uns im Moment Probleme bereitet, ist eine viel zu stark vom Verstand geplante Welt, in der die überragenden Fähigkeiten unseres intuitiven Gehirns sträflich vernachlässigt werden!

Nur unsere intuitive, rechte Großhirnhälfte ist in der Lage, globale Pläne zu entwerfen und tausende von Faktoren zu integrieren. Nur auf dem Weg über unsere Intuition können wir die Zukunft planen und dabei die erschreckenden Schäden des kurzsichtigen rationalen Denkens überwinden. Die Intuition kennt keine Profitsucht, weil sie begreift, daß in diesem Universum unerschöpfliche Energiereserven zu unserer Verfügung stehen!

Unter uns gesagt: Wer sich eine Aufgabe gestellt hat und nicht vollbringt, der darf sie im nächsten Leben wiederholen. Ob das Spaß macht, weiß ich nicht. Ich ziehe es vor, mein jetziges Leben effektiv zu gestalten und zu genießen!

Positives Denken muß ganzheitlich sein, sonst ist es eine Illusion!

"Wenn wir eine bestimmte Erfahrung nicht zulassen,
können wir nichts wirklich verändern.
Wir müssen praktische Erfahrungen machen,
statt darüber zu reden."

Stanislav Grof

8 Richtlinien
für ein erfolgreiches Leben

1.

Alles was in meinem Leben geschieht, hat seine Ursachen in meinen eigenen Gedanken, Gefühlen und Taten.

Was heißt das?

Der Mensch plant sein zukünftiges Leben bereits vor seiner Zeugung, denn unser Leben beginnt nicht mit der Geburt und endet nicht mit dem Tod. Unser Geist ist unsterblich und kann bei einer Zeugung einen neuen Körper übernehmen. Machen Sie sich bewußt, daß Ihr Leben bereits geplant wurde, also bereits einen gültigen Plan enthält! Es gilt, diesen Plan zu begreifen und zu erfüllen!

Was auch immer passiert, ich habe es selbst herbeigeführt!

2.

Gedanken und Gefühle ziehen ähnliche Gedanken und Gefühle an! Sie verstärken sich gegenseitig!

Was heißt das?

Die Menschen neigen dazu, daß sie Ihre Gedanken bestätigt bekommen wollen. Wir möchten wissen, ob wir Recht haben und wir freuen uns, wenn wir Recht haben. Aus diesem Grund suchen wir die Gesellschaft von Menschen, die uns unsere offenen und auch unsere geheimen Gedanken, Wünsche und Vermutungen bestätigen! Auf diesem Wege verläuft unser Leben so wie wir denken, daß es verlaufen sollte! Wir werden jedoch große Mühe haben, vollkommen fremde oder gänzlich neu Ideen oder Gefühle in unser Bewußtsein aufzunehmen!

Gleich und Gleich gesellt sich gern!

3.

Negative Erinnerungen erzeugen in uns schlechte Gefühle.

Was heißt das?

Obwohl das negative Ereignis vorbei ist, kann die Erinnerung von starker Wirkung sein. Da sich gemeinsame, gleiche Gedanken verstärken, müssen wir uns vor gemeinsamen negativen Gedanken und Gesprächen hüten!

Obwohl wir durch Ereignisse oder durch die Reden anderer Menschen Bestätigung erhalten und das Gefühl bekommen, wir seien auf dem richtigen Weg, müssen wir uns vor der gemeinsamen Verstärkung negativer Gedanken und Gefühle hüten! Die gemeinsame Angst vor einem Unglück führt z.B. zu Unachtsamkeit, die dann einen tatsächlichen Unfall zur Folge hat.

Schwarz hören und seh`n kommt teuer zu steh`n!

4.

Positive Gedanken geben uns Kraft und ein gutes Gefühl.

Was heißt das?

Ebenso wie sich negative Gedanken verstärken und z.B. einen Unfall zur Folge haben, können sich auch gemeinsame positive Gedanken verstärken! Sie können unser innerer Halt sein, wenn Probleme auftauchen.

Gemeinsame positive Gedanken verstärken sich gegenseitig und bringen uns schneller zum Ziel, als es allein der Fall wäre. Wenn eine Firmenleitung davon ausgeht, daß die Angestellten nichts taugen, wird sich dieser Zustand über kurz oder lang real einstellen. Gibt man hingegen den Mitarbeitern durch den Umgang und durch Schulungen das Gefühl, daß man auf sie zählt, sie ernst nimmt und Ihnen wertvolle Beiträge zutraut, dann wird sich auch das realisieren!

Aus diesem Grund haben sich Menschen immer wieder zu Gemeinschaften zusammengeschlossen, früher waren es die Jagdgesellschaften der Urmenschen, heute sind es industrielle Partnerschaften und Verbände oder Sportvereine. Menschen schießen sich zusammen, um gemeinsam mit noch mehr Erfolg ihre Ziele zu erreichen.

"Hier sind wir versammelt zu löblichem Tun..."

(Goethe)

5.

Aufmerksamkeit, Gedankenkontrolle, Beharrlichkeit, Ausdauer und Gelassenheit entscheiden über unseren langfristigen Erfolg.

Was heißt das?

Aufmerksamkeit ist die Kraft, die uns auf eine bestimmte Sache hinweist. Wir haben innerlich Sicherungen und Befehle eingebaut, die uns wichtige Dinge oder Ereignisse vor Augen führen! Das bezeichnen wir als Instinkte. Wir entscheiden darüber, worauf sich unsere Aufmerksamkeit ausrichtet! Wir werden einen attraktiven Geschlechtspartner ebenso beachten wie ein Goldstück, daß in der Sonne blinkt oder den Schatten eines gefährlich schnell herankommenden Fahrzeugs! Läßt unsere Aufmerksamkeit nach, verpassen wir Chancen und geraten in Gefahr!

Gedankenkontrolle ist ein Teil unseres Bewußtseins, den wir erst ausbilden müssen! Gedankenkontrolle wird uns zuerst durch die Erziehung beigebracht. Wir lernen, was angeblich gut und böse ist, was wir tun sollen oder nicht tun dürfen! Diese ganzen Befehle müssen wir überprüfen, um unsere eigenen Konzepte entwickeln, sonst werden wir immer Sklaven unserer Vorfahren sein! Unsere geschulte Gedankenkontrolle entscheidet darüber, worauf sich unsere Aufmerksamkeit ausrichtet.

Durch **bewußte Gedankenkontrolle** distanzieren wir uns von reinen Instinkten, die ja in grauer Vorzeit entstanden sind und heute nur noch bedingt Gültigkeit haben. Ebenso distanzieren wir uns von den gesellschaftlichen Befehlen unserer Eltern und Großeltern, die uns erzogen haben.

Auf diese Weise reagieren wir bewußt und nicht mehr automatisch auf Grund unserer einprogrammierter Befehle. Nur auf diesem Weg vermeiden wir Leerlauf, erkennen Chancen und bringen uns vor den heutigen Gefahren in Sicherheit!

Mit dem Erkennen allein ist es nicht getan! Wir brauchen **Beharrlichkeit**, um zum Ziel zu kommen. Beharrlichkeit drückt aus, daß wir dran bleiben an einer Aufgabe oder auch einer Versuchung beharrlich widerstehen. Wenn wir z.B. einen attraktiven Menschen kennen lernen, dann werden wir ihn kaum auf einen Blick erobern, sondern wir werden durch Beharrlichkeit erfahren, ob wir wirklich Chancen haben und ob es auch wirklich der richtige Partner ist!

Ebenso können wir uns beharrlich der Versuchung widersetzen, mit zu rauchen, nur weil andere rauchen, obwohl alle genau wissen wie schädlich Tabak ist! Beharrlichkeit drückt eine gewisse Sturheit aus. Nur so erfahren wir, ob wir auf dem richtigen Weg sind!

Ausdauer verstehe ich etwas anders. Mit Ausdauer meine ich die Kraft, die wir brauchen, wenn wir bereits wissen, daß wir Recht haben! Wenn wir sicher sind, daß wir auf dem richtigen Weg sind, dann kann es trotzdem noch Verzögerungen geben, die uns manchmal verzweifeln lassen. Genau dann brauchen wir die nötige Ausdauer, um weiterzumachen! Nur so erreichen wir unser Ziel!

Wie ist es nun mit der **Gelassenheit?** Beharrlichkeit kann zu offener Sturheit werden. Wenn das geschieht, verbeißt sich jemand in sein Ziel und verliert die echte Aufgabe aus den Augen! Nur weil ich vor Zeugen sage: "Das Auto da ist phantastisch!" muß ich es noch nicht kaufen! Wenn ich darin sitze, merke ich vielleicht wie unbequem es ist! Ebenso geht es uns mit der Ausdauer. Wenn es zu lange dauert, kann eine gewisse Stumpfheit auftreten. Damit können wir ebenfalls das Ziel aus den Augen verlieren!

Aus diesem Grund müssen wir uns stets eine gewisse Gelassenheit bewahren, um ruhig und bedacht das Ziel im Auge zu behalten! Nachdem wir das Ziel bestimmt haben, trägt uns die Beharrlichkeit, gepaart mit Gelassenheit am schnellsten zum Erfolg! Nicht der ist besonders erfolgreich, der als Erster da ist, sondern derjenige, der seinen Erfolg wirklich zu nutzen versteht!

Wer zuletzt lacht, lacht am besten!

6.

Bestimmte Atemtechniken geben uns gezielt Kraft und helfen uns bei der Überwindung von negativen Stimmungen.

Was heißt das?

Der Atem verbindet Körper, Seele und Geist. Der Atem liefert uns die Energie, um die Nahrung zu verbrennen. Gleichzeitig nehmen wir mit der Atemluft die subtilen Energiepartikelchen auf, die wir brauchen um unser körpereigenes Energiefeld zu erhalten. Die Asiaten bezeichnen diese Energie als Prana. Sie können diese Energie als winzige Funken bei klarem Himmel umherflimmern sehen. Die Prana-Partikelchen haben eine Eigenbewegung und unterliegen nicht der Schwerkraft oder der gerichteten Strahlung der Sonne. Gleichwohl gelangen sie mit dem Sonnenlicht zu uns auf die Erde. Es sind die Energie-Boten der Sonne, die uns damit steuert und am Leben erhält.

Die Atmung ist also von großer Bedeutung für unser Leben. Bedenken Sie, daß wir nur ca. 2,5 Minuten ohne Luft auskommen können! Nur 2,5 Minuten trennen uns vom Tod, wenn der Sauerstoff ausbleibt! Wenn wir erregt sind, atmen wir schwerer und tiefer, wenn wir Angst haben schnürt es uns die Kehle zu, wenn wir fröhlich sind, atmen wir locker und frei, wenn wir überlastet sind, atmen wir flach und bedrückt.

Durch die richtigen Atemtechniken bekommen wir genug Sauerstoff und gewinnen außerdem die Möglichkeit, unsere

Stimmung zu regulieren, denn es funktioniert in beide Richtungen! Wenn wir überlastet sind, sinkt die Stimmung und die Atmung verkrampft sich. Wer ständig gestreßt ist, dem fehlt die Energie, die Ausdauer, der Mut und der Erfolg!

Durch **tiefen ruhigen Atem**, vor allem nach unten, in den verkrampften Bauch hinein, beruhigen wir unser vegetatives Nervensystem und schöpfen neue Kraft.

Durch **Feueratem,** eine Technik des **Energytrainings,** die aus dem **Kundalini-Yoga** kommt, regulieren wir die Energiezufuhr zu unserem Gehirn und werden schnell frisch und munter. Beim Feueratem handelt es sich um einen hechelnden Zwerchfell-Atem. Wir können das sehr gut bei einem Hund beobachten, der schnell gerannt ist. Atmen Sie bitte im Unterschied zu den Tieren durch die Nase! Bei dieser Atemtechnik findet ein ganz rapider Energieausgleich im Körper statt! Untersuchungen haben ergeben, daß bereits nach einer Minute Feueratem im Gehirn **alpha-Wellen auftauchen.** Das ist ein untrüg- liches Zeichen für harmonische, ruhige Gehirnfunktionen! Diese und andere Atemtechniken sind Bestandteil des von mir entwickelten Energytrainings. Sie können entsprechende Trainingsbücher bestellen oder im Kyborg Institut entsprechende Seminare besuchen.

Freier Atem, freies Leben,
freier Atem gibt uns Kraft!

7.

Gemeinsames rhythmisches Atmen erzeugt ein starkes Gruppengefühl, weil Atmung und Kreislauf unsere Lebensgrundlagen sind. Unsere Atemluft teilen wir mit allen, die in unserem Umfeld leben und arbeiten!

Was heißt das?

Wir können uns der Luft nicht entziehen, sonst würden wir sterben! Also müssen wir mit allen Wesen in unseren Umgebung die Luft teilen. Jedes Lebewesen sendet sogenannte **Pheromone** aus. Das sind Duftstoffe, die als **Botenstoffe** fungieren. Über diese Duftstoffe teilen wir im Instinktbereich unserer Umgebung mit, in welcher Verfassung wir uns befinden. Wir haben uns angewöhnt, Schmutz zu beseitigen. Mit der Reinlichkeit haben wir immer mehr von uns entfernt. Heute werden alle natürlichen Duftstoffe durch Deostoffe verdrängt, so daß wir zum Schluß nur noch Chemie riechen und das normal finden!

Atmung und Rhythmus sind grundlegende Elemente, um eine Gemeinsamkeit herzustellen! Das wußten die Naturvölker, ebenso wie die früheren Kulturvölker. Ohne richtig darüber nachzudenken, wissen wir es auch noch. Viele Menschen fühlen sich zu öffentlichen Festen, Tanzveranstaltungen und Musikshows hingezogen. All dem liegt ein gemeinsamer Rhythmus zu Grunde. Die alten Schamanen nutzten dieses Wissen für rituelle Tänze.

Die indischen Yogis verfeinerten diese Technik und beschränken sich auf gemeinsames, rhythmisches Atmen!

Psychologische Untersuchungen haben ergeben, daß in Folge gemeinsamer, koordinierter Atmung die Hirnfrequenzen der beteiligten Menschen gleichgeschaltet werden. Auf diese Weise gelangt man mit synchronisierenden Atemübungen viel schneller zu einem harmonischen Konsensus innerhalb einer Gruppe oder Gemeinschaft, als wenn jeder auf seine Art weiterschnauft. Innere Harmonie ist die Voraussetzung für ein gegenseitiges Verstehen!

Im ungünstigen Fall kann z.B. in einem Büro ein total überlasteter, schwer atmender Mensch alle anderen "anstecken" und zu einer ebenfalls bedrückenden Stimmung animieren. Im günstigen Fall kann ein lebenslustiger, frei atmender Mensch die Mitmenschen aufmuntern und aktivieren.

Bedenken Sie dabei, daß nicht nur Pheromone und Stimmungen, sondern wirklich auch Gedanken übertragen werden. Sie werden nicht einzeln und wortgetreu übertragen, sondern sinngemäß! Wir "spüren" doch, woran wir mit anderen Menschen sind! Wenn z.B. keiner weiß, was der Chef eigentlich will, wird das Arbeitsergebnis chaotisch sein! Wenn wir dieses Wissen bewußt einsetzen wollen, dann sollte eine gute Teamarbeit mit einer gemeinsamen, synchronen Atem-

pause aus dem **Energytrainingsprogramm** begonnen werden. Eine gemeinsame Atem- und Konzentrationsübung wäre der richtige Auftakt für eine effektive, ruhige und konzentrierte Teamarbeit.

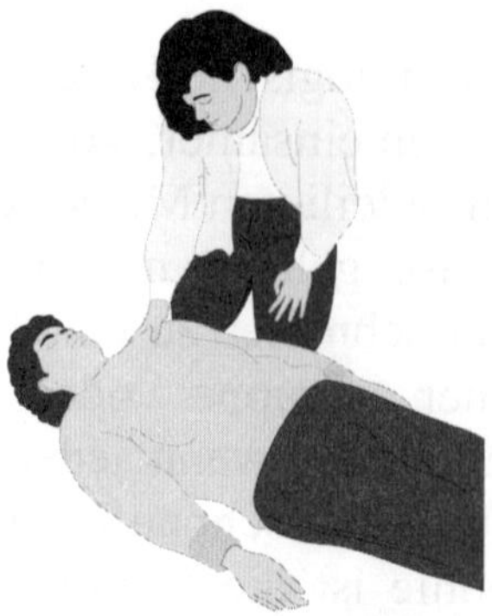

Die innere Übereinstimmung ist auch gewährleistet, wenn alle Mitglieder eines Teams regelmäßig Autogenes Training machen. Auf diese Weise vermeiden wir Differenzen, bei denen viel geredet wird, ohne daß einer versteht!

Beachten Sie bitte, daß in Asien, insbesondere in Japan, China und Korea jede Führungskraft ein derartiges Training praktiziert und daß außerdem in sehr vielen Betrieben in Japan, China und Korea alle Mitarbeiter einer Abteilung gemeinsam ein geeignetes Training absolvieren!

Sie können darüber denken wie Sie wollen, ich sage Ihnen jedoch, daß die dortigen, ursprünglich sehr primitiven Industriebedingungen, ohne derartige Methoden niemals die bekannten überragenden Ergebnisse erzielt hätten! Mao Tsetung hat seinerzeit ein Volk von damals 600 Millionen Chinesen mit total verhärteten, konservativen Strukturen aus dem tiefsten Mittelalter in die Neuzeit geholt, und das in nur 20 Jahren! Dabei brauchen wir über die aufgetretenen Mängel nicht mehr zu reden.

Achte auf Deinen Umgang, denn mit ihm teilst Du Atemluft und Gedanken!

8.

Der Orakel-Spruch über dem Portal des Apollon Tempels zu Delphi lautete:

Am Außentor:

Erkenne Dich selbst!

Am Innentor:

Damit Du Gott erkennst!

ERKENNE DICH IN ALLEM SEIN

dha

Beachten Sie bitte, daß der letzte Satz mehrere Bedeutungen enthält!

Konzept für ein erfolgreiches Leben

1.

Gehen Sie von der Annahme aus, daß der Mensch von Natur aus gut ist. Das beinhaltet die Tatsache, daß auch Sie selbst ursprünglich gut sind!

Ich bin okay! - Du bist okay!

2.

Negative Ereignisse lassen den Menschen an seiner positiven Ausgangssituation zweifeln (z.B. Geburtstrauma, Unfälle, Bestrafungen, Einschärfungen, Schocks).

Ich bin nicht okay und Du auch nicht!

Wir sind nicht okay!

3.

Wenn wir uns selbst die Zusammenhänge und Beweggründe unseres Lebens verständlich machen, oder einem anderen Menschen dabei helfen können, dann lernen wir, die Dinge in der richtigen Relation zu sehen.

Dann ändern sich unsere Beurteilungen und Wertmaßstäbe. Probleme lösen sich und wir gewinnen mehr Lebensfreude. Auf diese Weise wird unser Leben erfolgreicher und befriedigender, sowohl für uns selbst, als auch für den Anderen, dem wir helfen.

Gemeinsam verstehen lernen!

Wir sind doch okay!

4.

Wenn wir einem Menschen ein Okay-Gefühl vermitteln, fühlt er sich zurecht angenommen und bestätigt. Auf diese Weise ist er bereit, weitere Empfehlungen anzunehmen und umzusetzen. Außerdem fühlt er sich dann ermutigt, eigene Beiträge zu leisten. Er ist dann bereit Mitverantwortung zu übernehmen und sich zu engagieren.

Anerkennung und Vertrauensbasis sind wichtige Erfolgs-Elemente!

5.

Was uns voran bringt, ist also der Glaube an uns selbst, der Glaube an unsere Chancen und Möglichkeiten. Was uns behindert sind schlechte Erfahrungen und die daraus resultierenden Zweifel.

Glaube an Dich selbst und Deine Kraft!

6.

Sie fühlen sich wohl, wenn Ihre Umgebung stimmt und wenn Sie in der Gesellschaft positiv eingestellter Menschen leben und arbeiten können. Sie tun also gut daran, wenn Sie Ihr Umfeld motivierend gestalten und Ihren Umgang gut auswählen!

Positiv eingestellte Menschen sind angenehme Zeitgenossen. Sie trauen sich selbst mehr zu, haben mehr Courage, sind konsequenter in Wort und Tat, sie regeln ihre Angelegenheiten selbst, übernehmen Verantwortung und belasten andere nicht. Positiv eingestellte Menschen sind auch bessere Kunden, denn sie schätzen sich selbst richtig ein und halten sich an Vereinbarungen und Verträge. Jeder ehrliche Geschäftsmann wird das zu schätzen wissen.

Natürlich werden sie auch Betrügereien schneller durchschauen und sich weniger "andrehen lassen", sehr zum Nachteil von Leuten, die auf Kosten anderer Geschäfte machen, mit Produkten, die keiner wirklich braucht. Da viele Menschen Probleme mit der Ehrlichkeit und mit einem korrekten Verhalten haben, ist **Positives Denken** nicht sehr weit verbreitet. Es kostet Überwindung, die kleinen, persönlichen Unregelmäßigkeiten und schlechten Angewohnheiten zu überwinden.

Jeder kehre vor seiner eigenen Tür!

Gemeinsame Beratungen und Seminare sind von grundlegender Bedeutung, damit wir uns gegenseitig besser kennenlernen und damit alle Mitarbeiter in einem Team sich selbst

und die Arbeitsaufgaben besser verstehen lernen. Beachten Sie bitte, daß wir dieses wirklich grundlegende Wissen niemals in einer Schule lernen und nicht einmal in einer Universität! Wie sollen wir dann in der Lage sein, ein optimales Verhalten zu zeigen?

Es ist verblüffend, daß immer noch viele Chefs derartige Seminare für überflüssig halten. Wir können die Anforderungen der modernen Industriegesellschaft gerade auf Grund ihrer Vielfältigkeit nicht allein durch die praktische Anschauung erlernen! Natürlich müssen derartige Seminare qualifiziert geführt werden und **ganzheitliches Wissen** vermitteln. Traditionelle Psychologie ist dabei schon wieder veraltet und überfordert. Derartige Seminare und Schulungen verursachen keine Kosten, es sind Investitionen für eine sichere Zukunft des Unternehmens!

Die Firma Microsoft zeigt einen ungebrochenen Boom und nimmt intern diese Schulungen sehr ernst, auf einer sehr freiheitlichen Animationsbasis. Was dagegen geschieht, wenn die Freiheit zur Farce wird, weil es den Seminarleitern ebenso an Innovationen fehlt wie dem Vorstand, sehen Sie an der kathastrophalen Lage von IBM, VW, Mercedes oder

der deutschen Stahlindustrie. Die Ausreden mit dem Weltmarkt sind lächerlich. Die Pleiten sind eindeutig hausgemacht. Durch Unfähigkeit in der Strategie verursachen alte Männer, die mit Ihren Köpfen im letzten Weltkrieg und der Nachkriegszeit stecken geblieben sind, wirtschaftliche Katastrophen.

Beachten Sie bitte in diesem Zusammenhang, daß mit "Erfindung" der modernen Marktwirtschaft je nach Größe des Unternehmens jeden Monat, zumindest aber jedes Quartal eine Bilanz über die Unternehmensentwicklung vorliegen muß. Die verantwortlichen Anteilseigner, Vorstände und Firmenchefs wollen regelmäßig positive Bilanzen sehen, sonst sind sie beunruhigt. Aus diesem Grund versucht jeder neue Abteilungschef und jeder Manager, den von ihm kontrollierten Unternehmensbereich spätenstens zum Quartalsende "positiv" hinzubekommen, selbst wenn Investitionen oder Markveränderungen gar keine echten Gewinne zulassen.

Das Bewußtsein der "Aufsteiger" reicht von einer Bilanz bis zur nächsten. Mit solchen dürftigen Teilergebnissen gehen die "dynamischen Führungskräfte" dann in die Bewerbung, um sich unter Hinweis auf "Ihre" positiven Bilanzen bei der Konkurrenz weiter hochzuverdienen, selbst wenn diese Teilergebnisse schon 3 Monate nach Ihrem Weggang in eine neue Firma zusammenbrechen. Wir können zurecht sagen, daß diese Männer und Frauen auf Kosten anderer "von der Hand in den Mund" leben. Im Unterschied dazu denken asiatische Manager in

Generationen! Für eine japanische Firma ist eine Strategie von 50 Jahren durchaus realistisch! Im Vergleich dazu ist die westliche Quartalsbilanz nur eine kurzsichtigen Taktik und keine Strategie! Die Westler werden kaum erfahren, was die japanische Konkurrenz überhaupt beabsichtigt, außer sie erleben die Realität.

In diesem Sinne sind die Chinesen noch ernster zu nehmen, da das chinesiche System noch wesentlich älter, ausgereifter und auf dauerhafte Erfolge abgestellt ist. Aus der Tatsache, daß China bis heute auf dem Weltmakt kaum in Erscheinung getreten ist, dürfen wir keine Schlüsse ableiten. China wird in bisher nur ungenau vorhersagbarer Weise den zukünftigen Weltmarkt als Ordnungsfaktor bestimmen. (Genau 4 Wochen, nachdem ich diese Zeilen geschrieben hatte, fuhr Bundeskanzler Kohl mit 40 deutschen Wirtschaftsbossen nach China!)

China Japan Europa

"Wer heute den Kopf in den Sand steckt, knirscht morgen mit den Zähnen..."

Grundlegende Gedanken für eine Erfolgs-Strategie

Ich analysiere meine Situation.

Ich analysiere meine Beweggründe.

Ich optimiere mein Zielbewußtsein.

Ich bin stets bereit, mich von überholten

Vorstellungen und Umständen zu trennen!

Studieren Sie Ihre eigenen Anlagen, insbesondere Ihre geistigen Fähigkeiten, Stimmungen und Gefühle!

Spielend lernen, statt pauken.

Locker sein, statt Zwang ausüben.

Eine Verbesserung der Motivation

bringt bessere Ergebnisse

als technische Veränderungen.

Die eigenen Stärken erkennen

und in dieser Richtung arbeiten:

Erfolgreich werden und bleiben!

Die Übertreibung unserer eigenen Stärken führt zu Fehlern.

Unsere schwachen Anlagen müssen nicht unbedingt

unsere Schwachstellen sein!

Lob und Kritik Anderer schaffen keine neue Wirklichkeit und keinen neuen Kontostand!

Was bedeutet für mich Erfolg?

Erfolg bedeutet, daß ich meine Ziele erreiche

und mich dabei so gut fühle,

daß ich mein Leben genießen kann!

Die Erfolgreichen unterscheiden sich von den weniger Erfolgreichen durch eine bessere Übereinstimmung von Persönlichkeitsstruktur, Verhaltensmuster und Tätigkeitsbereich.

Erfolgreiche Menschen sind ganz sie selbst. Weniger erfolgreiche Menschen leben aus der Nachahmung von Motiven, die kaum ihre eigenen sind.

Es gibt keinen Einheitstyp des Erfolgreichen

die besonders Erfolgreichen stimmen darin überein,

daß sie recht eigenwillig sind und

nicht in vorhandene Schablonen passen!

Corporate Identity

Eine klare Leitlinie und Zieldefinition ist Voraussetzung für unternehmerischen Erfolg. Die Mitarbeiter müssen die Ziele kennen und sich damit identifizieren! Das gilt nicht nur für eine Firma, es gilt ebenso für eine Familie oder eine Partnerschaft!

...da es sich hierbei um einen ausländischen Begriff handelt, dürfte geklärt sein, warum deutsche Unternehmen noch nichts weiter davon gehört haben...

Im Privatbereich bedeutet das: Wer über kein klares Ziel in seinem Leben verfügt, wird es auch nie erreichen...

"Wir haben der deutschen Industrie Milliardenaufträge angeboten, aber es ist fast niemand gekommen. Man kann sich das wohl nicht vorstellen. Wir sind vielleicht zu weit weg!"

Der Wirtschaftsminister von Malaysia in WISO, dem Wirtschaftsmagazin des ZDF, September 1993.

Das kann man sich vorstellen:

Leitlinie der Personalentwicklung der Firma Microsoft:

Das Team muß dem Einzelnen die Freiheit geben,
sich zu entfalten.

Der Einzelne bringt dann ständig neue Elemente ein.

Anerkennung in den täglichen Dingen ist besonders wichtig!

Microsoft:

Umsatzzuwachs innerhalb von 10 Jahren um mehr als

1 . 500 %

Dieses Buch wurde mit Micro-Software erstellt. Microsoft, mit Sitz in Canada, wurde von Hippies der 68ger-Generation gegründet, die damals in Woodstock dabei waren und ihre geistigen Erfahrungen mit LSD aufbesserten.

IBM: Umsatzverlust 1993 mehrere Milliarden US $

Woodstock schlägt Harvard in der 3. Runde!

Das Wissen, daß in deutschen Schulen gelehrt wird, ist in der Regel bereits um 30 Jahre veraltet, wenn es die Schüler lernen müssen.

In der Schule, die mein Sohn besucht, stehen für ca. 300 Schüler, gerechnet ab der 6. Klasse, 10 völlig veraltete Spielzeug-PCs zur Verfügung, die nur selten benutzt werden. Die Ausrüstung ist so schlecht, daß kein Kind Lust darauf hat und der Lehrer natürlich auch nicht.

...und jetzt nehmt bitte Eure Tafeln und schreibt mir nach: A, B, C...
Habt Ihr Eure Läppchen fein naß gemacht, damit es nicht so quietscht?

Die 5 Grundschulklassen haben "natürlich" gar keinen Zugang zu PCs, und die Abgangsklassen der Hauptschule haben "natürlich" auch keinen Zugang mehr, weil man "keine Zeit dafür hat" und es eher ein "Privatvergnügen" des Lehrers ist und nicht fester Bestandteil des Stundenplans! In der Abschlußklasse zur Mittleren Reife existiert nur eine "freiwillige Arbeitsgeminschaft", die aber nicht stattfindet (!), weil keine Zeit dafür da ist und "andere Sachen wichtiger sind". In Japan hat jedes Kind ab der 2. Klasse seinen eigenen PC, zum Großteil lernen die Kinder bereits im Kindergarten spielerisch damit umzugehen.

Wir werden alle die Zeche zahlen, die unsere Politiker und Führungskräfte verursacht haben!

Ziele müssen folgende Eigenschaften umfassen:

sinnvoll, motivierend, realistisch, konkret,

erreichbar, meßbar, in Etappen, zeitlich begrenzt,

flexibel, positiv, in Präsens, in der Endform,

in klaren Bildern und Gefühlen.

Innere Gewißheit ist wertvoller als äußere Beweise.

"Meine Gedanken und Gefühle sind die Formen,

in denen sich die frei verfügbare

kosmische Energie materialisiert!"

Seid achtsam mit Euren Wünschen,

sie können Wirklichkeit werden!

Wer wenig schafft, hängt an den Früchten,

wer viel schafft, ist freier!

Wer zu viel angefangen hat,

muß erst das Alte loslassen,

damit etwas Neues kommen kann!

Wenn mir die alten Umstände nichts mehr bieten können,

wenn ich innerlich damit fertig bin,

kommt automatisch etwas Neues,

Höherwertiges auf mich zu!

Das Universum kennt keinen Leerlauf!

Selbstverantwortlich denken, fühlen und handeln!

Ständige Gedankenkontrolle:

Handlungsbewußt
Verantwortungsbewußt
Selbstbewußt

Wann werden die Wissenschaftler begreifen, daß Sie sich nicht mehr bedingungslos der Industrie prostituieren dürfen? Wie kann ein Mann guten Gewissens Pestizide oder Plutonium produzieren, Gifte, die auf zehntausende von Jahren alles Leben bedrohen? Was sind das für Männer, die unser Trinkwasser und ihre eigenen Nachkommen skrupellos mit tödlichen, synthetischen Giften bedrohen, die diese Welt noch nie zuvor gesehen hat? ***Wie kann man Milliardenbeträge in die Vernichtung von Lebensraum investieren?***

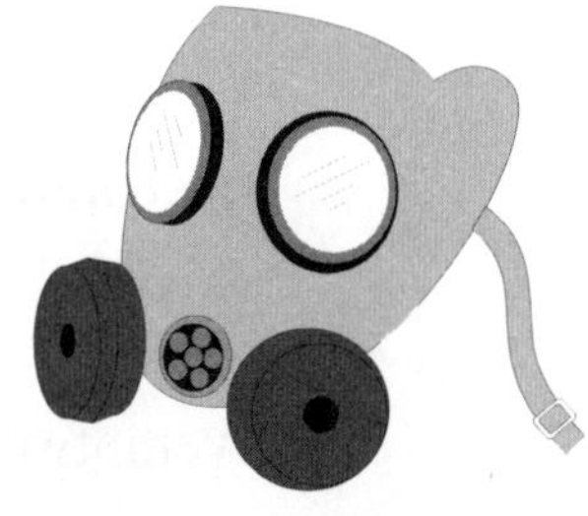

Wissen Sie was **Atommüll** bedeutet? Es ist so, als wenn wir noch immer auf den Müll der Neanderthaler aufpassen müßten, um überleben zu können! **Grund genug, positiv Denken zu lernen!**

Bei vielen Menschen setzt die Midlifecrisis jetzt bereits mit Anfang 30 ein. Neben hormonellen Umstellungen, Depressionen, starkem Konzentrationsmangel und Lebensüberdruß ergrauen die Haare, fallen aus, der Lebensmut sinkt, alles geht zuende, bevor es richtig angefangen hat. Ist es das Ergebnis einer hoffnungslosen Politik, Dekadenz oder sind es Umwelt- und Nahrungsmittelvergiftungen? Unsere "Natur"-Wissenschaftler nennen das Fortschritt...Die Neanderthaler wurden übrigends maximal 45 Jahre alt...

Wenn Sie sich jetzt entschließen, konstruktiv zu denken und zu handeln, wenn Sie diese Methoden systhematisch anwenden, dann haben Sie selbst und unsere Kinder eine Chance. Denn die einzige Chance, die wir überhaupt haben, ist unser Bewußtsein und unsere geistige Kraft.

In diesem Buch finden Sie Hinweise, wie es uns besser gehen kann. Wie es uns schlechter gehen kann, steht täglich in der Zeitung...

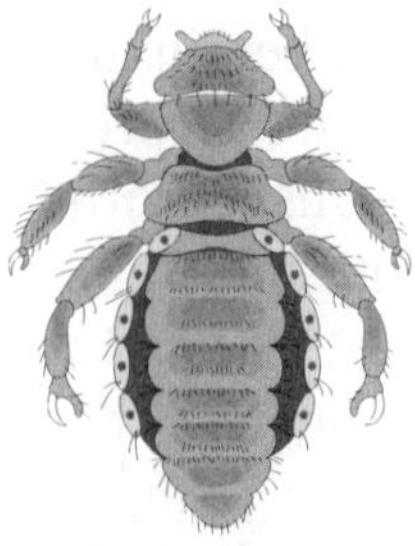

Negative Gedanken sind wie Läuse. Sie vermehren sich ganz von allein. Es reicht aus, wenn Du nichts dagegen tust!

Positives Denken bedeutet nicht, daß wir Probleme totschweigen sollen. Positive Gedanken müssen wir pflegen, bis sie stark genug sind, um sich zu behaupten! Genau darauf kommt es an: Sehen wir das Schlechte als Herausforderung! Wenn Ihre Wohnung schmutzig ist, machen Sie doch auch sauber! Also, warum nicht in Ihrem Kopf?

"Es geht weiter auch ohne mich...

es geht besser weiter **mit** mir!

Jeder ist ersetzbar, auch ich...

Aber ich verlange jetzt mein Recht auf Leben,
Anerkennung,
Liebe,
Wohlstand
usw.

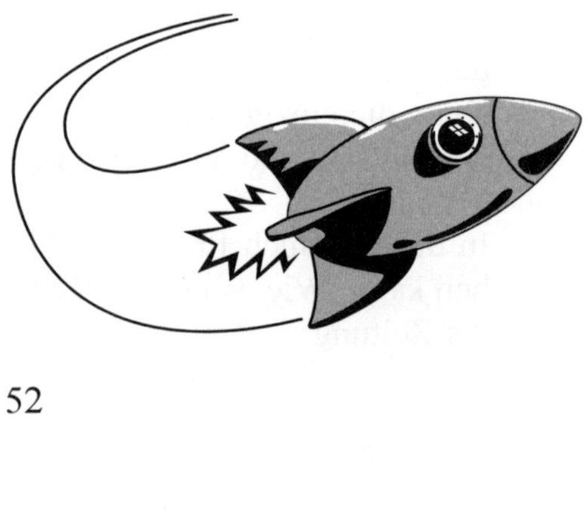

Ständig wiederholte Gedanken verursachen
unsere Gewohnheiten.
Ständig wiederholte Gewohnheiten bilden den Charakter.
Unsere Wiederholungshandlungen bestimmt das Schicksal!

Machen Sie keinen Unterschied mehr zwischen
Vorstellung und Realität.
Jeder Gedanke realisiert sich sofort!
Seine Wirkung verändert die bereits bestehende Welt!

Machen Sie sich bewußt:

Indem Sie **denken**, verändern Sie bereits diese Welt!

Denken Sie das Richtige!

Ihre eigenen Gedanken sind die Ursache Ihrer eigenen Gefühle

und

die Summe Ihrer Gedanken und Gefühle ist Ihr praktisches Leben!

Überlassen Sie in Ihrem Leben nichts mehr dem Zufall!
Planen Sie von heute an konsequent!
Sie tun es sowieso, aber tun Sie es besser bewußt,
als überwiegend unbewuß. Das führt dann zu
den Fehlern, die "man sich nicht erklären kann"!

"Ich bin die Summe meiner Entscheidungen!"

Präzise Vorstellungen = befriedigende Resultate!

In den vergangenen 20 Jahren

haben wir einen Steigerung des Problem-Bewußseins

erfahren.

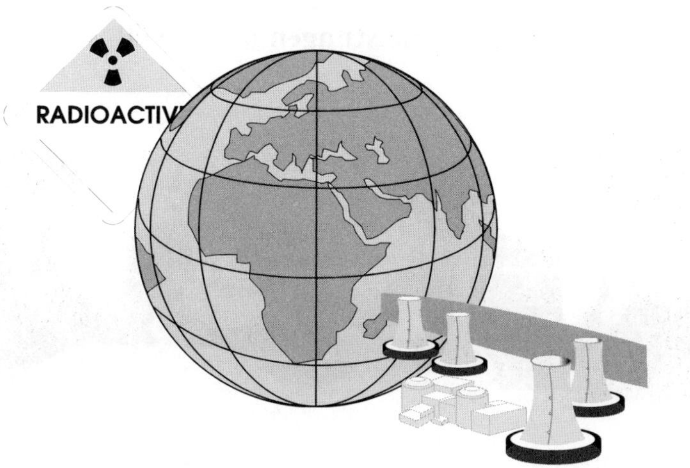

Die gegenwärtigen Probleme der

Welt-Ökologie und der Welt-Ökonomie

lassen sich nur lösen,

wenn wir eine Steigerung des

Problem - LÖSUNGS - Bewußtseins erreichen!

Das Bewußtsein, daß in den Bereichen

Ökologie und Ökonomie ein Sieg möglich ist,

würde sehr viele Menschen und Branchen

zu neuen Leistungen befähigen!

Wir müssen lernen

konsequent in Lösungen zu denken!

Die Ursachen negativen Denkens

Haben Sie sich schon einmal darüber Gedanken gemacht, wie die Unterschiede zwischen positivem und negativem Denken zustande kommen? Die folgenden Gedanken erheben keinen Anspruch auf Vollständigkeit. Ich meine jedoch, daß wir zum Ende dieses Buches das Thema noch einmal kurz analysieren sollten.

Negatives Denken beginnt "ganz normal" damit, daß jemand ein Problem erkennt **und es als Problem behandelt**. Dann redet er darüber wie man über Probleme redet. Schnell kommt hinzu, daß er sich mit seiner Erkenntnis, daß es da ein Problem gibt, wichtig tut! Er beginnt, Angst zu verbreiten...was wäre wenn und überhaupt!

Auf diesem Wege erringt er die Aufmerksamkeit anderer Menschen, er zieht sie in seinen negativen Bann, er macht sich wichtig, er gewinnt Einfluß und damit Macht über andere Menschen!

Nachdem er die Sache nun gehörig aufgebauscht hat, glauben nach und nach alle, die davon hören, daß alles richtig sei. Und bald reden sie ebenso! Sie fühlen sich bestätigt, weil viele davon reden und machen mit im allgemeinen Tenor! Ich habe schon weiter vorn erwähnt, daß wir uns vor gemeinsamen, negativen Gedanken hüten müssen, weil sie sich beharrlich verstärken und vermehren wie Läuse, gegen die man nichts unternimmt!

Durch beharrliches Reden über die Problem wird letztlich Angst produziert, die viele Menschen daran hindert, klar zu denken und nach Lösungen zu suchen! Das Gerede über die Probleme gerät zum Selbstzweck, es erzeugt in uns eine mehr oder minder starke Aufregung, denn wenn es echt wäre, müßten wir uns ja verteidigen. Wir müßten uns schützen und nach Lösungen suchen, also den Kampf aufnehmen.

Da jedoch in den vergangenen Jahrzehnten viele Probleme aus aller Welt systematisch von den Massenmedien aufgebauscht und breitgetreten wurde, haben wir uns daran gewöhnt, daß es ja so schlimm nun auch wieder nicht ist! Schließlich können wir gegen diese oft am anderen Ende der Welt stattfindenden Ereignisse sowieso nichts tun. Im Laufe der Jahre sind die Aufmerksamkeit heischenden Schreckensmeldungen zum Selbstzweck geraten und wir reagieren kaum noch, wenn einmal echte Bedrohungen gemeldet werden! Der natürliche Zweck einer öffentlichen Warnung ist längst verloren gegangen!

Die Menschen können echte Bedrohungen kaum noch erkennen! Wen betrifft es denn, wenn die Russen kaputte Atomreaktoren ins Polarmeer werfen, das ist doch noch weiter weg als Jugoslavien! Daß wir täglich Polarkrabben und Fisch auf den Tisch bekommen, stört niemanden. Gleichzeitig wird durch die ständige Verbreitung von negativen Berichten eine generell düstere Stimmung geschaffen. Diese düsteren Gedanken drängen nach Realisation!

Ich habe darauf hingewiesen, daß sich positive Gedanken realisieren können, wenn wir beharrlich an unseren Zielen arbeiten. Ebenso werden sich die jahrzehntelang wiederholten düsteren Prognosen über eine schlechte Wirtschaft oder eine katastrophale Ökologie realisieren! In diesem Zusammenhang haben wir dringend Bedarf an konstruktiven, aufbauenden Informationen und Gedanken! Die Zeitgenossen, die am Arbeitsplatz und privat dauernd über ihre Migräne oder die bösen Politiker reden und damit Erfolg haben, weil wir sie beachten, werden das weiterhin tun!

Wer Erfolg hat mit einer Verhaltensweise, baut sie aus! Wer seine Aufmerksamkeit bekommt, indem er anderen Angst macht, wird so weitermachen. Wenn dann die Kathastrophe eintritt, wird er stolz sagen "Ich habe es ja gewußt!"

Der Verursacher zieht also aus seinen negativen Aktionen einen Nutzen! Die Massenmedien z.B. veranlassen die Leute zum Lesen und zuschauen, indem sie uns vorgaukeln, daß wir dauern ihre Produkte lesen müssen oder die Nachrichten sehen müssen, weil wir sonst etwas verpassen oder gar in Gefahr geraten. **Es ist das Geschäft mit der Angst!**

Ich habe von 1978-1982 vier Jahre lang keinerlei öffentliche Nachrichtenmedien benutzt. Ich stellte im Herbst 1982 verblüfft fest, daß in den ganzen 4 Jahren nichts passiert war, was ich verpaßt oder was mich betroffen hätte. Nur ein paar Politiker-Namen waren ausgetauscht worden. Das war alles.

Aus dieser Erfahrung leite ich ab, daß wir uns besser gewissenhaft um unsere ganz persönliche, individuelle Entwicklung kümmern sollten, als daß wir uns standig weismachen lassen, diese Action-Show wäre von irgendeinem Nutzen.

Nur wer in der Lage ist, zwischen den Zeilen zu lesen, Hintergrundinformationen heraushört und instinktiv ahnt, was vielleicht doch Nachrichtenwert hat, kann die Massenmedien benutzen. Sie werden es überleben, auch wenn Sie 10 Jahre keine Zeitung lesen! Lesen Sie lieber ein gutes Buch, daß Ihrer Weiterbildung nutzt!

Es gibt allerdings noch eine tiefer sitzende Ursache für die weitläufige Verbreitung von Angst. Wir alle sind von negativen Vorbildern umgeben, die oft schon aufgegeben haben, wenn wir gerade erst anfangen, uns zu entfalten. Ich meine unsere eigenen Eltern, die dann, wenn wir heranwachsen, abbauen, weil das Leben sie schafft.

Bewußt oder unbewußt verbreiten sie die Stimmung, daß sie ihr Lebensziel nicht erreicht haben, und auch das schadet uns. Wir müssen diese subtilen, negativen Botschaften erkennen. Wir dürfen nicht zustimmen, sondern wir müssen uns bewußt abgrenzen und sagen: "Ich mache es anders und besser!" Vielleicht verlangen sie auch, daß wir Ihre Ziele weitertragen. Das kann uns auf ganz falsche Wege bringen, denn ihre Ziele sind nur selten auch unsere Ziele!

Noch tiefer in uns steckt die Frage nach unserer Existenz, nach unserem Lebensinn, nach dem Sinn in allem Sein. Diese Frage stellt sich nicht gleich jeder Mensch. Trotzdem existiert diese Frage und sie ist von großer Bedeutung. Wenn jemand einmal angefangen hat, nach dem Sinn zu fragen, wird ihn diese Frage nicht mehr loslassen. Wenn er dann über viele Jahre keinerlei brauchbare Antwort bekommt, wird er resignieren, ähnlich wie seine Eltern vor ihm resigniert haben.

Solange er auf der Suche ist oder seine Lage akzeptiert, ist alles okay. Er kann ein gewissen Maß an Zufriedenheit erlangen.

Bekommt er aber auf diese Frage keinerlei Antwort, dann wird er nach außen resignieren und sich nach innen wenden. Er wird dann nicht mehr agressiv oder offensiv sein, sondern eher depressiv. Es kann auch dazu kommen, daß er seine Realwelt zerstört, sich selbst und seine Familie in immer größere Schwierigkeiten bringt, weil er sich insgeheim aus der Zerstörung Aufschlüsse und Lösungen erhofft. Das geschieht natürlich weitgehend unbewußt.

Was keinen Sinn hat, hat auch keine Existenzberechtigung! Aus diesem geheimen Kurzschluß kann eine nicht erkannte Lebensangst werden, die einen Menschen ruiniert. Dahinter steckt nicht etwa echte Selbstzerstörung, sondern aus einer Bedrohung unserer Existenz können wir neue, ungeahnte innere Kräfte mobilisieren. Das ist also noch ein weiterer Aspekt im Bereich des negativen Denkens und Verhaltens. In der Angst erfahren sich viele Menschen hautnah, und genau das vermissen sie oft in einem routiniert ablaufenden Leben.

All das sollten wir bei uns selbst erkennen und bei anderen richtig einschätzen, indem wir beharrlich Gedankenkontrolle praktizieren. Wir dürfen uns nicht in negative, destruktive Verhaltensmuster mit hineinziehen lassen!

Ein positiv denkender Mensch wird ein Problem als **Aufgabe** erkennen und nach einer **Lösung** suchen! Er wird über Lösungsmöglichkeiten reden, Hilfe suchen und auch finden und seine Stärke aus seinen Fortschritten ziehen. Er wird Selbstbestätigung erfahren und zusätzlich die Aufmerksamkeit anderer Menschen erringen. Seine Aktionen werden geleitet von der geheimen oder offenen Gewißheit **"Ich schaffe es!"** Das kann ebenfalls auf andere Menschen abfärben, und er wird Unterstützung finden für seine Pläne. Das ist der Beginn einer erfolgreichen Tätigkeit und eines erfolgreichen Lebens!

Ich schaffe es!

Negatives Denken ist eindeutig destruktiv. Es demontiert unsere Chancen

Positives Denken ist ebenso eindeutig konstruktiv. Es baut uns auf!

Positiv = Konzentration

Atmung = Bewußt sein

Negativ = Auflösung

Bewußtsein + Konzentration + Ausdauer + Geduld + Gelassenheit = Dauerhafter Erfolg + Lebensfreude

Nichts davon wissen wollen = mutwillige Ignoranz, um auf Kosten der Gemeinschaft zu leben

Die Frage nach dem Sinn

Die Frage nach dem Sinn in allem Sein oder nach dem Sinn unseres Lebens ist essentiell. Sie ist Bestandteil unseres Lebens als Mensch. Wird sie nie gestellt, ist es nicht so schlimm. Naive Naturen leben recht gut.

Wird sie jedoch irgendwann aufgeworfen, läßt sie uns nicht mehr los. Die Suche nach der Antwort führt dann entweder zum Erfolg: Das Ergebnis sind Weisheit, innere Harmonie und eine glückliche Hand in Geschäften und allen anderen Dingen.

Im negativen Falle führt sie zu totaler Destruktion. Im Versuch, die Antwort herbeizuzwingen zerstören die Menschen ihr Leben, ihre gesellschaftliche Position, ihre seelische Ausgeglichenheit, ihre Gesundheit, die Familie, die Firma und letztlich die ganze Gesellschaft und die menschliche Kultur.

Wenn eine Vielzahl von verirrten Menschen, deren Suche nach dem Sinn erfolglos geblieben ist, die Macht ergreifen, dann erhalten wir den Zustand, den Sie täglich in der Zeitung und im Fernsehen beobachten können. Es ist **der Sinn in allem Sein**, der diesen Menschen verloren gegangen ist.

Wenn alles keinen Sinn hat, dann kann man auch alles zerstören, und wenn man nicht mehr an **ein universales Bewußtsein** glaubt, kann man selbst Gott spielen und mit Pestiziden alles unerwünschte Leben vernichten.

Im Unterschied dazu können positiv denkende Menschen überaus erfolgreich sein, weil sie von Anfang an einen Sinn in ihrer eigenen Existenz akzeptieren, weil sie also ihre eigene Existenz schlichtweg gut finden und aufbauen, anstatt die Welt zu demontieren!

Ein positiver Mensch wird von Zeit zu Zeit kritisch Bilanz ziehen, sich jedoch stets wieder dem Aufbau neuer Möglichkeiten und der Lösung seiner Aufgaben zuwenden. Positive Menschen freuen sich über jede neue Einsicht, über jede Erkenntnis, über jeden alten Fehler, den sie von nun an vermeiden!

Positive Menschen schaffen neue Werte mit allem was sie tun, weil sie konsequent konstruktiv orientiert sind!

Sie geben sich und Ihren Kindern die Chance, dieses Leben zu lieben, aufzuwachsen und Beiträge zu leisten für die Höherentwicklung des Menschen hin zu einem geistig vollkommeneren Wesen als wir es heute sind.

Positiv denkende Menschen sind die Eckpfeiler jeder Gesellschaft.

Meditation

Wie kann man den tieferen Sinn in allem Sein erfahren? Es gibt nur einen Weg: Meditation. Im Europa der vergangenen tausend Jahre war es üblich zu beten. Beten bedeutet bitten und bitten heißt, daß ich etwas will, daß ich ein Anliegen habe!

Im Unterschied dazu bedeutet Meditation, daß ich still werde, um mich für Eingebungen zu öffnen. In der Meditation lerne ich hinhören, um etwas zu erfahren. Ich bin bereit, neue Dinge zu erfahren. Ich bin bereit, mir etwas sagen zu lassen!

Im Gebet spricht der Mensch zu Gott.
In der Meditation spricht Gott zu uns.

Setze Dich an einen stillen Platz, laß los, entspanne Deinen Körper, Deine Muskeln, entspanne die feinen Muskeln in deinem Gesicht. Laß vollkommen los. Laß Deinen Atem fließen, ruhig und gleichmäßig in den Bauch hinein, ein und aus.

Die Gedanken kommen und gehen und Du fühlst, wie Du innerlich ruhiger wirst, bis irgendwann alles ganz still und leer ist. Frage nach nichts. Verlange gar nichts. Sei einfach Du selbst. Du bist da und alles ist gut. Es wird genau das geschehen, was Du brauchst, was Dich voran oder zur Besinnung bringt. Akzpetiere Dein da-sein, Dein hier-sein.

DU BIST und Alles steht wohl = Wohlstand

In der Meditation erfahren die Beteiligten Ihren wahren Wert:

Ohne Worte,
ohne Schweigen,
ohne Mitleid,
ohne Gnade

Über den Autor

D. Harald Alke, Biotechniker, Staatsexamen 1966, Grundlagenforschung in der Mikrobiologie, Medizin und Strahlenbiologie. Nach den westlichen Wissenschaften studierte er ZEN-Meditation bei Rhoshi Tetsuo Nagaya aus Tokyo, sowie bei Mahan Tantric Yogi Bhajan aus Amritsar/Indien Kundalini-Yoga und Tantra.

Seit 1976 befaßt er sich hauptberuflich mit der Erforschung und Erprobung menschlicher Konditionierung und der Nutzbarmachung unserer geistigen Fähigkeiten.

1984 gründete er den **Anahata Verlag** und 1986 das **Kyborg Institut für Synergetik und Psychokybernetik:** Seminare, Beratung, Forschung, Energiepyramiden, Bücher, Kassetten, Gesundheitsprodukte. Seit 1989 unterrichtet er in der Akademie Montabaur Führungskräfte der Volks- und Raiffeisenbanken.

Das Wesentliche tun:
Sich selbst entdecken!

Vom gleichen Autor erschienen:

Sag JA zum Leben! Buch

ZEN: Die Kunst zu lenken ohne zu denken Buch

Energytraining Bd. I. / II. Bücher mit Trainingskassette

Die Ethik des Neuen Menschen Buch

Wieviele Vitamine braucht der Mensch? Buch

Lebensfreude und Erfolg durch Autogenes Training und Psychokybernetik Buch mit Kassette

Gesunder Schlaf Buch mit Kassette

Kyborg Training Intensiv 2 Kassetten

Die Sprache meines Körpers:
Organe und Symptome 3 Kassetten

Tempel des Lichts:
Gespräche mit dem inneren Ratgeber 1 Kassette

Shankaranama uvaca!
Der Weg der absoluten Erkenntnis.
Die Lehre des Dhyana Yoga, das älteste Werk über positives Denken aus dem 8. Jh. n. Chr., 1 Kassette

Auf Wunsch senden wir Ihnen gerne unseren Katalog!